AF463190

NOTES ET OBSERVATIONS

POUR SERVIR A L'HISTOIRE

DU TRAITEMENT THERMAL

PENDANT LA GROSSESSE

PAR

LE Dr CAULET

Médecin-inspecteur des Eaux de Saint-Sauveur (Hautes-Pyrénées),
Vice-Président de la Société d'hydrologie médicale de Paris,
Ancien interne des Hôpitaux de Paris,
Lauréat de l'Académie de Médecine de Paris, etc.

Extrait des Annales de la Société d'hydrologie médicale de Paris. t. XXVII

PARIS
TYPOGRAPHIE A. PARENT, A. DAVY, Successeur
IMPRIMEUR DE LA FACULTÉ DE MÉDECINE
rue Monsieur-le-Prince, 29-31

1883

NOTES ET OBSERVATIONS

POUR SERVIR A L'HISTOIRE

DU TRAITEMENT THERMAL

PENDANT LA GROSSESSE

Primum non nocere.

Les femmes enceintes n'ont guère profité jusqu'ici des ressources puissantes qu'offrent les Eaux minérales à la thérapeutique des maladies chroniques.

Malgré les bons résultats signalés par Bonnans (1), Villemin (2), Porges (3), Nicolas (4), malgré les conclusions favorables des auteurs du Dictionnaire général des Eaux minérales (5), malgré les encouragements de Gubler (6), la présence d'une femme grosse dans les Etablissements thermaux reste un fait tout exceptionnel ; et aujourd'hui encore, pour la plupart des médecins, la coïncidence d'une grossesse constitue une contre-indication formelle de tout traitement thermal.

En proposant l'étude de cette importante question,

(1) Bonnans. Guide pratique des bains d'Ussat. Foix, 1858, 1880.

(2) Willemin. Des coliques hépatiques et de leur traitement par les Eaux de Vichy, 1862.

(3) Porges. Carlsbad, ses Eaux minérales. Paris, 1858.

(4) Nicolas. De l'emploi des Eaux minérales pendant la grossesse. Thèse de Paris, 1876.

(5) Dictionnaire général des Eaux minérales et d'hydrologie médicale, par Durand-Fardel, Lebret, Lefort et François.

(6) Cours de thérapeutique de la Faculté de médecine de Paris.

l'Académie de médecine a pensé qu'il y avait lieu de réviser ce jugement. C'est pour répondre à son appel, qu'à défaut d'un travail complet impossible aujourd'hui faute de documents, nous publions les quelques Notes et Observations suivantes :

I.

Si les médecins traitants ont une grande répugnance à envoyer aux Eaux les femmes enceintes, il s'en faut bien que les praticiens exerçant dans les stations thermales appliquent volontiers et sans réserve la cure aux femmes grosses qu'ils y rencontrent. La prudence, la timidité avec lesquelles ils ont coutume de procéder ici, sont telles qu'en bien des cas on se demande si leur intention n'est pas de simuler la médication thermale plutôt que de l'appliquer réellement.

Les auteurs du Dictionnaire général des Eaux minérales, qui ont recueilli les traditions médicales à cet égard et reproduit fidèlement la pratique de leurs confrères hydrologues, constatent en effet que les propriétés abortives de certaines Eaux sont formellement établies ; que la plupart des Eaux minérales sont excitantes et ont de la tendance à agir dans le sens de la fluxion utérine ; qu'enfin, pour un grand nombre de femmes, l'usage de bains tièdes et journaliers ne saurait être sans inconvénient. Dès lors, ils conseillent de proscrire l'emploi des douches et des injections, de s'abstenir, sinon de toute espèce de bains, du moins de tout traitement balnéaire proprement dit, et de s'en tenir à l'usage interne de l'Eau minérale, traitement inoffensif, « si l'on évite les eaux très chaudes et l'abus de la « boisson, en particulier pour les eaux purgatives et les

« eaux bicarbonatées sodiques fortes. » (Art. Avortement.)

Revenant sur ces principes à l'article Grossesse, ces auteurs se résument ainsi : « On devra procéder avec de « grands ménagements, bannir les douches, n'user des « bains qu'avec circonspection, se tenir surtout en garde « contre les températures élevées, et redouter en particulier les eaux sulfurées et les chlorurées sodiques « fortes, les premières comme trop excitantes, et les « secondes comme possédant la propriété spéciale de « congestionner l'utérus dans le sens hémorrhagique. « Les eaux bicarbonatées, les ferrugineuses, les sulfureuses dégénérées, quelques sulfatées peut-être, sont « donc à peu près les seules Eaux minérales qu'il convienne d'employer pendant la grossesse. En effet, les « Eaux dites faibles de toutes les classes représentent « la plupart une médication externe qui sera rarement « applicable sans inconvénients aux femmes enceintes, « sauf dans quelques états névropathiques, les bains de « Néris, de Luxeuil, de Saint-Sauveur. »

L'usage interne de l'eau minérale, voilà donc à quoi se réduirait, en dernière analyse, le traitement thermal des femmes enceintes. Il y a loin de là à cet ensemble de pratiques dont se compose habituellement la cure, et l'on se demande si un traitement, ainsi réduit, représente encore ce qu'en thérapeutique on comprend sous le nom de *médication thermale.*

Il n'est pas inutile, et sans opportunité de se poser la question, car la médication thermale n'est pas, il s'en faut bien, la seule que l'on applique couramment dans les établissements thermaux.

Les qualités médicamenteuses formelles de certaines sources minérales, diverses pratiques et installations particulières, que l'on ne trouve guère réunies qu'aux Eaux, la nécessité d'un changement de milieu comme condition préalable d'un traitement quelconque, le besoin de villégiature, la mode enfin appellent dans les Stations thermales une foule de malades présentant les indications les plus diverses.

Les villes d'Eaux sont donc, par la force des choses, de véritables *centres médicaux* où, sous le couvert de l'eau minérale, on applique toutes les médications possibles.

Nous n'avons pas à nous occuper ici des effets, pendant la grossesse, des traitements purement médicamenteux exécutés au moyen de l'eau minérale; il est clair que leurs indications et contre-indications sont précisément celles des médications communes qu'ils représentent ; mais, sous peine de tomber dans le *gâchis thérapeutique* qu'un classique, M. Durand-Fardel (1), reproche si justement à la pratique spéciale contemporaine, nous devons bien prendre garde à ne pas rapporter à la médication thermale proprement dite, seul objet de cette étude, ce qui serait le fait de traitements accessoires ou différents subis à côté d'elle et qui n'auraient de *thermal* que la matière première et le lieu où ils sont appliqués.

Qu'est-ce donc que la médication thermale ? Elle se caractérise physiologiquement par une excitation générale pouvant aller jusqu'à la fièvre, une stimulation diffuse de tous les appareils, et, thérapeutiquement, par le rétablissement des forces vitales, le « remontement » de l'organisme, la restauration de la nutrition, le retour de l'impressionnabilité perdue aux modificateurs hygié-

(1) De la substitution irrationnelle de la douche thermale et de l'hydrothérapie, au bain minéral à Vichy. (Annales de la Société d'hydrologie médicale de Paris, t. XXVI, 1880-1881.)

niques ou médicaux, enfin par des actions curatives particulières.

L'épuisement général, la débilité organique, l'arrêt de la nutrition, le défaut de réaction aux impressions hygiéniques et médicamenteuses, voilà ses principales indications.

Elle est absolument indépendante des qualités de l'eau minérale qui sert à l'appliquer ; on la réalise aussi bien avec les eaux indéterminées, indifférentes, si mal dénommées « eaux inermes », qu'avec les eaux à prédominance chimique formelle, et si avec ces dernières, elle exerce parfois des actions médicamenteuses communes, celles-ci sont peu importantes à côté des actions spéciales qui la caractérisent essentiellement.

Telle est la médication thermale.

On juge à cet exposé qu'un grand nombre de malades qui vont se faire soigner aux Eaux n'en présentent pas les indications, et que ce serait un contre-sens thérapeutique de l'appliquer à tous indistinctement dans les établissements thermaux.

Il importe donc à une étude sincère de notre sujet, d'examiner quelle est la valeur *thermale* de tout traitement constitué aux eaux minérales par la seule médication interne.

En prenant à domicile de l'eau de Vichy, de Bonnes, de la Bourboule, on fait un traitement alcalin, sulfureux, arsenical, rien de plus. Certainement, on ne fait pas une cure thermale. Mais, si l'on boit ces eaux à la source, aux mêmes doses, de la même façon, fait-on autre chose qu'un traitement médicamenteux, réalise-t-on la médication thermale ? Voilà la question.

D'après M. Durand-Fardel, il serait permis d'en douter.

En effet, pour cet habile médecin, le bain est la représentation essentielle de la médication thermale, sa base et, pour ainsi dire, son unique expression. Les douches et l'hydrothérapie ne sont que des agents accessoires. « Ceux qui croiraient réaliser une médication thermale « en substituant la douche ou l'hydrothérapie au bain « thermal, tout en respectant la medication interne, se « trompent au moins de moitié ». Quant à la boisson, elle n'occupe qu'une place bien restreinte dans la médication (1).

Il est de fait que l'usage interne n'existe guère en dehors des eaux décidément médicamenteuses, et qu'il est nul près des eaux indéterminées qui fournissent pourtant les cures thermales les plus puissantes.

Cependant, il ne faut pas exagérer. Il est certain que l'eau minérale bue à la source peut exercer d'autres actions que l'eau transportée prise à domicile. A certaine dose, on lui voit parfois produire des effets d'excitation générale, de stimulation diffuse pouvant aller jusqu'à la fièvre, phénomènes inconnus hors des établissements thermaux. On ne peut donc refuser, *à priori*, toute qualité thermale aux traitements constitués par l'usage interne de l'eau à la source; par conséquent dans l'appréciation de leur valeur, pendant la grossesse, il sera toujours prudent de se préoccuper d'une action *thermale*

(1) L'aveu est précieux à noter de la part d'un médecin de Vichy. « Il est des cas où, comme près des eaux minérales indé-« terminées et près de certaines eaux trop minéralisées, il faut, « à Vichy, s'en tenir à un traitement purement balnéaire. Eh « bien! c'est peut-être dans ces circonstances que s'observent « les exemples les plus fréquents d'une action héroïque des eaux « de Vichy, et on leur doit une confirmation éclatante de l'effica-« cité propre de la médication balnéaire. » (Loc. cit.)

possible, en outre de l'action médicamenteuse commune.

II.

Les auteurs du Dictionnaire général des eaux minérales, avons-nous dit, conseillent de s'abstenir de tout traitement balnéaire, « même les eaux dites faibles « de toutes les classes représentent la plupart une mé« dication externe qui sera rarement applicable sans « inconvénient aux femmes enceintes ». Exception n'est faite que pour les bains de Néris, de Luxeuil, de Saint-Sauveur. Nous ignorons comment les femmes enceintes supportent les eaux de Luxeuil, mais nous pouvons affirmer qu'à Néris et à Saint-Sauveur, l'usage du bain thermal pendant la grossesse est loin d'être sans inconvénient. Les propriétés abortives de la piscine chaude de Néris sont notoires. Mais avec le bain tempéré les accidents ne sont pas non plus très rares. Le Dr Faure, médecin-inspecteur, qui exerce en cette station, depuis plus de vingt années, nous déclarait récemment qu'il en est venu à considérer l'état de grossesse comme un obstacle absolu à tout traitement thermal avec les eaux de Néris. Les eaux de Saint-Sauveur, réputées « douces, sédatives, hyposthénisantes », ne sont pas ici moins dangereuses, ainsi qu'en témoignent les observations suivantes :

Obs. I. — **Grossesse commençante. — Avortement à la suite de huit bains courts et tempérés.**

Mme X..., de Toulouse, 38 ans, ayant déjà eu deux fausses couches et sept enfants, dont le dernier il y a trois ans, vient à Saint-Sauveur le 9 juillet 1876, pour y prendre les eaux.

A part quelques accidents nerveux, impressionnabilité extrême, migraines, névralgies, etc., qui ont été combattus avec succès il y a deux ans par une première cure à Saint-Sauveur, cette dame se porte bien; elle ne présente pas de troubles utérins, la menstruation est régulière et abondante et il n'existe pas de leucorrhée. A son arrivée cependant, elle accuse un retard de trois semaines, survenu sans malaise aucun et sans cause appréciable; elle pense toutefois n'être pas enceinte, n'éprouvant aucune des sensations qu'elle a eues constamment dans les neuf autres grossesses.

Le traitement thermal, commencé le 10, fut limité à l'emploi du bain sulfureux à 32° centigrades et de 20 minutes au plus de durée.

Le 17, au moment présumé du retour de l'époque, apparition d'un léger écoulement sanguin, accompagné de malaise et de douleurs dans le bas-ventre qui, malgré le repos au lit et les lavements laudanisés, persiste tout le lendemain.

Le 19 au matin, la perte continuait avec des alternatives de diminution, de suspension et d'augmentation. Le col était tout à fait ramolli et relâché, l'avortement semblait inévitable. — Ergotine, compresses froides sur le ventre.

A 5 heures du soir, la malade se trouvant dans un état de faiblesse alarmante, je pratique, à l'aide d'une longue pince à pansement, l'extraction d'un bouchon membraneux engagé dans le col et à la surface duquel se trouvait une vésicule transparente du volume d'un grain de raisin.

L'hémorrhagie s'arrêta aussitôt, et la malade se rétablit sans accident.

Obs. II. — Grossesse commençante. - Avortement au 13e jour de la cure après neuf bains.

Mme X..., 26 ans, venue à Saint-Sauveur, en juillet 1878, pour y prendre les eaux.

Cette dame, mariée depuis cinq ans, présente les apparences de la meilleure santé, mais elle est stérile: menstruation régulière, pas d'affection utérine. Mme Alliot a constaté, il y a un mois, la parfaite intégrité des organes génitaux. Notons cependant que la malade a quelquefois, mais tout à fait accidentellement, des pertes blanches, peu abondantes du reste, et qui ne lui sont révélées que par les petites taches rondes parcheminées qu'elle trouve alors sur son linge.

Traitement commencé le 7 juillet : un bain frais, chaque jour, de 15 à 20 minutes de durée, en ayant soin de prendre un jour de repos après sept bains.

Les règles paraissent le 17, après 4 jours de retard, la malade ayant pris neuf bains. Contre l'habitude, elles sont d'abord peu abondantes, difficiles, accompagnées de douleurs dans le ventre et les cuisses. Le 20, la malade trouve sur son linge, à deux reprises, trois lambeaux membraneux irréguliers, offrant à l'œil nu les caractères de la caduque menstruelle et formant ensemble cinq à six centimètres carrés de surface. L'examen de la pièce, pratiqué par M. de Sinéty, a montré que c'était des produits d'avortement. Deux ans après, en juillet 1880, Mme X... était encore stérile; depuis la cure de 1878, elle n'avait pas eu de retard. Jamais, non plus, malgré un examen attentif, elle n'avait trouvé de caillot, ni de membranes dans le liquide menstruel.

Obs. III. — Grossesse commençante; travail d'avortement au 22e jour de la cure. — Conservation de la grossesse.

Mme X..., 25 ans, mariée depuis deux ans et accouchée pour la première fois il y a dix mois, vient à Saint-Sauveur, le 5 août 1876, pour s'y traiter d'un catarrhe chronique de la matrice (écoulement muco-purulent, fétide, d'une extrême abondance ; vaginite secondaire, pas de douleur pelvienne, ni de réaction sur l'état général). Cette malade a subi à Paris, en juin dernier, six cautérisations intra-utérines avec le nitrate d'argent; une semblable cautérisation a été pratiquée, en outre, dans son pays, le 20 juillet.

Mme X..., qui est excessivement, mais très exactement menstruée toutes les quatre semaines, jour pour jour, ayant vu son époque le 8 juillet, l'attendait au 5 août, jour de son arrivée à Saint-Sauveur; mais rien ne parut. Une grossesse commençante, à laquelle on pense toujours quand il s'agit d'appliquer le traitement thermal à une femme bien réglée qui présente un retard, une grossesse, disons-nous, était peu probable. A la vérité, la malade s'était bien exposée à devenir enceinte du 15 au 19 juillet; mais nous savions que, depuis, la cavité utérine avait été sondée dans tous les sens avec un cathéter métallique, et de plus cautérisée avec le crayon argentique. Il n'y en avait du reste aucun signe ; la muqueuse utéro-vaginale ne présentait rien de cette teinte sombre, légèrement cyanosée, qu'elle offre parfois au début de la gestation ; comme d'ailleurs il n'existait aucune trace de *molimen*, le traitement thermal fut commencé après trois jours d'attente.

Du 8 au 19, sauf un jour d'interruption, le 13, la malade prit donc, chaque jour, trois demi-verres d'eau de la Hontalade, un bain à 34° centigrades de 15 à 20 minutes au plus de durée, et fit chez elle, matin et soir, des injections sulfureuses à l'aide d'un irrigateur, dont le robinet était à peine entr'ouvert.

Le 17, au sortir du bain, apparition des règles qu'aucune sensation n'avait annoncées et qui durèrent sept jours comme d'habitude, sans malaise aucun, mais fort peu abondantes, s'arrêtant chaque nuit, comme pendant les deux premiers jours que, par précaution, la malade avait passés au lit, et ne coulant vraiment que pendant la marche.

Reprise du traitement thermal le 25, auquel est ajouté, à partir du 27, une douche tempérée promenée chaque jour pendant cinq minutes sur les parties postérieures du tronc.

Le 30, retour de l'écoulement sanguin, abondant cette fois et accompagné de maux de reins, d'endolorissement du bas-ventre et bientôt de coliques.

Depuis quelques jours, la malade présentait divers malaises digestifs, dégoût, inappétence, nausées ; par deux fois, elle avait vomi son repas, accident que nous avions rapporté à un état gastrique alors endémique aux Pyrénées. Maintenant, elle accusait divers symptômes bizarres, qu'elle avait éprouvés lors de sa première grossesse.... Si peu probable que parût une nouvelle grossesse, nous crûmes prudent d'interrompre définitivement la cure thermale et d'instituer le traitement de la fausse couche.

Le 5 septembre la perte était arrêtée, les douleurs calmées, et le 8 la malade capable d'entreprendre le long voyage qui devait la ramener à ses foyers, où se poursuivit régulièrement le cours d'une grossesse bientôt évidente, qui se termina par l'accouchement à huit mois, le 6 mars 1877.

Obs. IV. — **Grossesse commençante ; travail d'avortement après seize bains. — Conservation de la grossesse.**

Mme de S..., 21 ans, mariée depuis huit mois, exactement réglée, mais nerveuse à l'excès et sujette à la migraine, vient à Saint-Sauveur, en juillet 1877, pour y prendre les eaux.

Le traitement commencé le 26 et consistant dans l'usage interne de l'eau de Hontalade, deux quarts de verre dans la matinée, et l'emploi journalier du bain tempéré, fut contrarié par quelques accidents gastriques, bouche amère, inappétence, malaises dyspeptiques, constipation, etc., qui obligèrent bientôt à renoncer à la boisson sulfureuse.

Malgré les moyens employés (pilule bleue, une fois le 30 juillet, eaux de Vals-Saint-Jean aux repas), ces accidents persistèrent peu intenses et furent attribués à l'influence saisonnière (grandes chaleurs, orages incessants). Les règles, qui devaient paraître le 16 août, ne vinrent pas ; mais, comme il n'y avait pas trace de molimen, l'emploi du bain fut continué.

Le 11, la malade ayant déjà pris 13 bains, apparition d'un léger écoulement sanguin avec douleurs de reins et de bas-ventre continuelles ; — repos au lit.

Les jours suivants, même état : persistance de l'écoulement sanguin, plus ou moins abondant, et des douleurs du bas-ventre et des reins; malaise considérable. Lavements laudanisés.

Le 15, les douleurs se calment, l'écoulement sanguin s'arrête, tout rentre dans l'ordre.

La malade déclarant que jamais elle n'a de souffrance au moment des règles qui toujours coulent abondantes dès les premières heures pour durer six jours, on soupçonne une grossesse et l'on abandonne le traitement thermal.

En octobre, le Dr Sarraméa, médecin de la malade, nous disait que la grossesse était réelle et qu'elle se poursuivait régulièrement.

Observation V.

Mme R..., de Margaux (Gironde), venue le 20 juin 1881 à Saint-Sauveur, pour y prendre les eaux. Cette dame est dans son cinquième mois de grossesse ; les règles ont paru pour la dernière fois en janvier. Depuis deux ans qu'elle a eu son second enfant, elle ne s'est pas rétablie. Sans être décidément malade et obligée au lit, elle traîne faible, languissante, sans appétit, digérant mal et souffrant habituellement de leucorrhée, de pesanteur et de douleurs pelviennes. Les urines avaient été trouvées albumineuses il y a deux ou trois mois, mais des examens répétés à plusieurs reprises nous donnent la certitude qu'elles ne le sont plus à présent. La malade a pris sans bon effet appréciable bien des médicaments, notamment du fer, du quinquina, des amers, de l'huile de morue, etc.; cependant un traitement de bains sulfureux fait en février et mars paraît avoir été utile, et cette circonstance a décidé M. le Dr Gachet, son médecin, à nous l'adresser à Saint-Sauveur.

La malade étant suffisamment reposée du voyage, le traitement thermal est commencé le 22. Chaque jour un bain frais de dix minutes de durée et deux quarts de verre d'eau de Hontalade. A la suite du deuxième bain, la malade éprouve pendant plusieurs heures des douleurs utérines ; la cure est suspendue les 24 et 25. On reprend aux mêmes doses les 26, 27 et 28. Retour des coliques dans la nuit du 28 au 29, lesquelles continuent et deviennent pour ainsi dire incessantes pendant toute la journée du 29, malgré le repos au lit et des lavements laudanisés. Le 29 au soir, le col est entièrement ramolli, l'orifice interne relâché, l'avortement semble inévitable. Cependant vers la fin de la nuit suivante les contractions commencent à se ralentir ; elles persistent moins fréquentes le 30, et le 1er juillet le travail s'arrête définitivement. Le 5, Mme R... peut sans inconvénient faire le voyage qui la ramène à Margaux.

Les auteurs du Dictionnaire général des Eaux minérales admettent, d'autre part, que l'usage interne de presque toutes les eaux est compatible avec l'état de grossesse pourvu, bien entendu, que l'on procède avec circonspection, *avec de grands ménagements, que l'on évite les eaux très chaudes, qu'on se méfie des eaux purgatives et des eaux bicarbonatées sodiques fortes, qu'on redoute enfin les eaux sulfurées et chlorurées sodiques fortes.*

A ces conditions, nous le croyons bien, il n'y a pas de risque à courir.

S'il ne s'agit que de conserver la grossesse on pourra, toujours et partout, faire franchir sans danger à la femme enceinte les vingt et un jours sacramentels qui, aux yeux du vulgaire, constituent « une saison ».

C'est là affaire de dose.

Mais quelle peut bien être la valeur médicamenteuse d'un traitement assez réduit pour n'avoir plus aucune qualité thermale et demeurer ainsi toujours et quand même inoffensif? Quelle, son action thérapeutique?

Constatons cependant ici que la médication interne, même très modérément appliquée, n'est pas toujours sans inconvénient.

Observation VI.

« Plusieurs fois, dit le Dr Leudet, j'ai eu occasion d'observer à Bonnes, des femmes enceintes qui y prenaient les eaux, et il me reste l'impression que la grossesse est une condition défavorable à la cure. Celle-ci est généralement mal supportée, provoquant du côté du bas-ventre des accidents, maux de reins, douleurs utérines, écoulements, qui inquiètent et empêchent de donner quelque développement au traitement thermal.

« L'an dernier, chez une malade enceinte de sept mois, mère de plusieurs enfants et qui avait déjà fait plusieurs fois notre cure, ces accidents ont pris une telle intensité qu'une fausse couche devenait imminente, et qu'après plusieurs tentatives, l'usage des eaux a dû être abandonné ». (Communication orale. Janvier 1881.)

D'autre part nous relevons les deux observations suivantes dans des notes manuscrites qu'a bien voulu nous remettre le Dr Champagnat, médecin en chef de l'hôpital civil de Vichy :

Obs. VII. — 1re cure à cinq mois de grossesse ; accouchement à terme. — 2e cure à trois mois de grossesse; avortement pendant le traitement thermal.

Mme C..., de l'Ardèche, âgée de 35 ans, vint à Vichy le 9 août 1874. D'après la lettre très explicative de son médecin, Mme C... est atteinte depuis deux mois d'une série de coliques hépatiques assez violentes. Elle a eu cinq enfants morts, à des âges différents, de maladies diverses. Elle commence sa sixième grossesse et est enceinte de cinq mois, comme l'évènement le prouva plus tard. La malade est très anémique, très faible, a peu d'appétit, a maigri: constipation ancienne, opiniâtre : point de congestion de foie.

Le traitement thermal a consisté en eau de la Grande-Grille et eau ferrugineuse de Lardy ; ni bain ni douche. Pendant les huit derniers jours de la cure, la dose d'eau minérale a été de 600 grammes par jour.

Au départ de Vichy, l'appétit est meilleur, les forces plus grandes. Point de crises hépatiques pendant le traitement, qui a duré trois semaines.

Mme C... revient à Vichy trois ans après, le 13 août 1877. L'accouchement avait été normal ; l'enfant a vécu près de deux ans. Les crises hépatiques ont été très rares et peu intenses, mais elles tendent à revenir plus fréquentes et plus douloureuses depuis que Mme C... est enceinte (7e grossesse). Etat général assez satisfaisant. Point de congestion de foie.

Les huit premiers jours de la cure (240 grammes d'eau minérale par jour, ni bain, ni douche) se passent sans incident. Je suis appelé le 23 août, soit le dixième jour de traitement, pour constater un avortement au troisième mois, après deux jours de crise hépatique.

Obs. VIII. — Cure à six mois de grossesse. — Les accidents intestinaux provoqués par l'eau minérale empêchent de développer le traitement thermal.

Mme C.., d'Aubusson, âgée de 28 ans, adressée par M. le Dr de la Geneste à Varennes-sur-Allier, le 1er juin 1880.

Coliques hépatiques depuis deux ans avec ictère. La recherche des graviers biliaires a été faite sans résultat. Les crises ont cessé après le premier mois de grossesse (la troisième); foie normal, point de dyspepsie, sables uratiques, embonpoint, état général satisfaisant.

La première semaine du traitement a été signalée par des alternatives de diarrhée et de constipation qui ont fatigué la malade. Traitement : eau de l'Hôpital, puis de la Grande-Grille ; on n'a pas pu arriver à dépasser la dose de 480 grammes par jour : point de bain ni de douche.

Mme.... quitte Vichy le 21 juin, et accouche d'un garçon bien portant, le 21 août.

Les observations qui précèdent montrent suffisamment que la cure thermo-minérale appliquée pendant la gestation est une médication pleine d'incertitudes et de périls, grosse d'orages et de malheurs. Elles nous disposeraient à rappporter à des avortements ovulaires ces pertes abondantes et douloureuses, si souvent observées près des établissements thermaux chez des femmes généralement bien menstruées et dont les règles étaient en retard.

Elles justifient, du moins, la réprobation générale dont les médecins hydrologues ont frappé l'usage du bain thermal pendant la grossesse.

De semblables accidents sont certainement plus fréquents au début de la gestation. La constatation de la grossesse commençante a donc aux eaux minérales un intérêt majeur. On s'applique sans doute à trouver et à saisir toutes les apparences qui peuvent la révéler. Malheureusement, c'est un des problèmes de diagnostic les plus difficiles à résoudre ! Qu'on juge dès lors de l'embarras et des hésitations du médecin chargé d'appliquer la cure à une femme exactement réglée d'habitude et dont l'époque est en retard ou vient à manquer !

Le plus souvent, il n'y a d'autre urgence que celle qu'a créée un lointain déplacement. Cependant une simple présomption de grossesse n'autoriserait pas à déconseiller le traitement ou à le remettre à un autre temps, et nous venons de voir, d'autre part, que la cure la plus modérée et les plus grandes précautions ne mettent pas nécessairement à l'abri de tout accident. Ces difficultés et ces incertitudes, bien connues de tous les spécialistes hydrologues, nous faisaient émettre le vœu, qu'en général, les femmes arrivassent aux eaux un petit nombre de jours avant l'époque présumée des règles, afin que la fonction n'ayant pas été troublée par les applications thermales peu nombreuses et relativement inoffensives du début de la cure, le médecin eût, en l'observant, le moyen de se fixer sur l'état de vacuité ou de grossesse, et pût alors après les règles, laisser en toute sécurité au traitement le développement qu'il comporte.

II.

La possibilité d'un avortement, l'obligation qu'elle impose de réduire considérablement la cure pour en diminuer le risque, constituent déjà une contre-indication sérieuse du traitement thermal pendant la grossesse. Les conditions physiologiques qui dominent dans l'économie pendant cet intermède de la vie féminine, et notamment l'impressionnabilité nerveuse et la suractivité de la circulation, en recèlent de non moins importantes.

Il est hors de doute qu'enceinte la femme est plus irritable, plus impressionnable que quand elle n'est pas dans cette position. On sait jusqu'à quel point sont influencés chez elle les divers systèmes nerveux de la vie organique, de la vie de relation et les appareils des sens. Rien ne prouve mieux, dit Stolz, l'action de la grossesse sur l'organe central de l'innervation, que l'explosion possible de la manie chez une femme qui, jusqu'alors, ne semblait pas prédisposée à cette terrible maladie. La femme enceinte a donc besoin d'être ménagée sous ce rapport.

D'autre part, le système sanguin n'est pas moins profondément affecté dès le début de la grossesse. L'éréthisme provoqué dans l'économie donne lieu à une accélération de la circulation, à une espèce de fièvre qui dure pendant toute la gestation et qui est accompagnée d'une augmentation de la température du corps. Inutile de rappeler l'hypertrophie dite physiologique du cœur, l'hypérinose, la tendance aux mouvements fluxionnaires, la prédisposition aux *processus* inflammatoires actifs, qui ont fait dire avec tant de raison que la femme enceinte est, pendant toute la durée de la grossesse, en état d'imminence morbide.

N'est-il pas évident que ces conditions, qui caractérisent la grossesse, sont autant de contre-indications très sérieuses d'un traitement dont la base, dont le caractère essentiel est une *excitation* et dont l'application entraîne nécessairement un voyage, un changement de milieu, de vie et d'habitudes?

Comment les auteurs du Dictionnaire des Eaux minérales ont-ils pu écrire que la grossesse n'est pas une contre-indication de la cure thermale?

Et qu'on ne se laisse pas abuser par l'épithète de « *sédatives* » appliquée à certaines eaux minérales. Sous ce nom on désigne des eaux, soit moins excitantes que les autres et par conséquent occupant une place moins élevée dans la médication thermale, soit plus appropriées au traitement des névropathies.

Et de même qu'en médecine commune on emploie comme sédatifs des agents appartenant aux médications les plus diverses, des hyposthénisants, des excitateurs, des excitants, des stimulants diffusibles, etc., de même, en hydrologie, nous voyons réputées comme sédatives les eaux les plus différentes et présentant entre elles les plus grands contrastes.

Mais il n'existe pas de cure thermale dont l'action essentielle, primitive, soit tempérante, hyposthénisante comme est l'action du bain de son, du nitre, du bromure. La « sédation » réalisée par la cure, dans quelque système qu'on la constate, est toujours un effet relatif, contingent, subordonné à des conditions morbides déterminées, et procède de modes thérapeutiques divers et, le plus souvent, perturbateurs ou substitutifs.

On peut donc dire que la contre-indication tirée des conditions particulières de la femme enceinte est générale et qu'elle s'applique à toutes les cures thermales indistinctement.

IV.

Si sérieuses que puissent être les contre-indications tirées des conditions particulières présentées par la femme enceinte et de la possibilité d'un avortement, nous ne prétendons pas que la grossesse soit un obstacle formel, absolu, au traitement thermal. Il s'en faut bien que la cure y ait toujours une action fâcheuse : on a vu maintes fois un traitement actif être supporté même au début de la grossesse, et les observations qui suivent prouvent que les pratiques thermales les plus déraisonnables ne provoquent pas toujours et inévitablement la fausse couche.

Obs. IX. — Grossesse commençante conservée malgré un traitement thermal exagéré; bains, douches générales. douches utérines.

Mme ***, de Paris, 25 ans, accouchée une première fois en 1870, et n'ayant pu depuis redevenir mère, vient à Saint-Sauveur, le 1er juillet 1873, pour s'y faire traiter de la stérilité.

Mme *** est de constitution un peu molle et de tempérament lymphatique. Elle souffre habituellement d'angine granuleuse, mais sa santé générale est bonne.

Depuis deux ans elle a pris de l'embonpoint en même temps que les menstrues, toujours régulières, ont diminué sensiblement d'abondance. Les divers médecins qu'elle a consultés, se sont accordés à trouver ses organes dans un état d'intégrité parfaite.

Le traitement thermal, commencé le 2 juillet, consiste d'abord en bains à 33° dont la durée de dix minutes fut par la suite augmentée et portée graduellement jusqu'à une demi-heure, et en boisson de deux demi-verres de Hontalade. A partir du 4, la malade prit chaque jour au bain une irrigation vaginale de deux minutes ; enfin à partir du 7, elle fut soumise en outre alternativement, un jour à la douche ascendante prise deux minutes dans le vagin et cinq minutes sur le périnée, l'autre jour à la grande douche promenée durant cinq minutes sur les parties postérieures du tronc.

Le 10, la malade commence à se plaindre de divers troubles digestifs, dégoût, dyspepsie, auxquels elle n'était nullement sujette et qu'elle attribue au changement de nourriture. D'ailleurs pas de malaise utérin, ni rien qui annonce la prochaine venue des règles qu'elle attendait pour le 14.

Le 15, persistance des malaises gastriques, qui sont plus accusés ; inappétence complète, nausées avec conservation de l'aspect normal de la langue. Les douches occasionnent une chaleur considérable du bassin et des membres inférieurs ; cependant pas de *molimen* menstruel.

Le même jour, la mère de la malade me déclare que la dernière époque de celle-ci est venue le 26 juin, et que, par conséquent, sa fille est en retard de 19 jours. Ce retard joint au changement de caractère et à diverses petites circonstances observées lors de la première grossesse lui en fait soupçonner une nouvelle.

Ce renseignement obligeait nécessairement à modifier le traitement et conseil fut donné à la malade de suspendre pour quelques jours l'usage de la douche ascendante. Mais Mme ***, qui ne voulait pas admettre « qu'elle pût avoir la chance d'être enceinte », et qui d'ailleurs se refusait à tout examen, n'en tint aucun compte. Jusqu'au 1er août, elle prit chaque jour à la fois, bain, douche utérine et douche générale, sans que nos efforts non plus que ceux de sa famille qui l'avait accompagnée à Saint-Sauveur pussent l'arrêter.

La malade quitta la station le 4 août, très fatiguée, mais n'ayant présenté aucun malaise utérin. La grossesse qui était réelle, eut son cours régulier, et l'accouchement à terme se fit en avril 1874.

Obs. X. — Grossesse de trois mois conservée malgré l'application du traitement thermal.

Mme D..., 28 ans, venue à Saint-Sauveur pour y prendre les eaux en juin 1878.

Mme..., accouchée une première fois il y a trois ans, s'est toujours parfaitement bien portée. Il y a six mois, fausse couche après un retard de vingt jours; depuis ce moment, la santé est dérangée. Leucorrhée abondante, parfois rosée, élancements dans la matrice, douleurs dans le bas-ventre, menstruation irrégulière, excessive et douloureuse ; mais la malade souffre beaucoup surtout d'une impressionnabilité exagérée, de névralgie faciale, et d'accidents fébriles qui reviennent assez irrégulièrement le soir.

Les règles ont paru pour la dernière fois le 27 mars ; elles ont fait défaut en avril et mai : depuis, la malade présente des troubles digestifs assez sévères, flatulence, nausées, vomissements glaireux le matin à jeun, et quelquefois alimentaires, constipation.

Notons qu'il y a trois ans, pendant la grossesse, la malade a éprouvé toutes espèces d'accidents digestifs, et notamment des vomissements plus ou moins fréquents.

L'examen pratiqué le 17 juin fait constater un développement considérable du corps utérin dont le fond dépasse le pubis. Le col fortement rejeté en arrière est gros et induré : quelques excoriations autour de l'orifice. La muqueuse génitale n'a pas la teinte sombre cyanosée qu'elle présente habituellement pendant la grossesse. Rien de caractéristique du côté des seins et mamelons.

Une grossesse de trois mois nous semble probable, mais la malade ne veut pas en admettre la possibilité. Son médecin à Hazebrouck, s'étant posé la question l'a résolue par la négative, et, il y a quelques jours à Tarbes, pays natal de la malade où elle s'était arrêtée, une consultation de trois confrères a donné raison à ce diagnostic.

Nous sommes donc forcés d'appliquer la cure et conseillons : chaque jour, deux quarts de verre d'eau de la Hontalade et un bain minéral frais de 15 minutes ; suspendre tout traitement un jour sur quatre. La malade a pris déjà un bain la veille.

Le 25, signes de *molimen,* goût de sang dans la bouche, toux d'irritation, gonflement des seins ; la leucorrhée est teintée de sang ; les dernières règles ayant paru le 27 mars, nous sommes évidemment au moment d'une époque menstruelle.

Repos, suspendre le traitement thermal.

La malade ne suit pas ce conseil et continue à boire, se baigner et se promener comme auparavant. Les règles ne paraissent pas et peu à peu le mouvement fluxionnaire se dissipe.

Le 6 juillet elle quitte la station, ayant pris vingt et un bains et se trouvant à peu près dans le même état qu'avant la cure. Accouchement à terme le 9 janvier 1879.

Mais ces observations et d'autres semblabtes, qu'on trouve çà et là dans les monographies, ne doivent pas faire perdre de vue les accidents qui ont conduit les auteurs du Dictionnaire général des Eaux minérales, pourtant bien optimistes, à formuler les préceptes que nous avons rappelés.

V.

Il résulte de cette étude, un peu longue, que l'état de grossesse, loin d'ajouter par lui-même aux indications du traitement thermal, apporte au contraire à l'application immédiate de la cure une série de contre-indications très sérieuses, sinon formelles et absolues. — Quelle sera donc la conduite du médecin lorsqu'il se trouvera en présence d'une condition pathologique réclamant l'emploi des eaux minérales?

Le fait n'est pas très rare, car si la grossesse créant dans l'économie comme une « *diathèse de stimulus* » fait, par cela même, le plus souvent disparaître les indications de la médication thermale tirées de l'état général, on sait, d'un autre côté, qu'elle aggrave singulièrement certains états morbides.

A l'influence heureuse qu'elle exerce parfois ou paraît exercer momentanément sur la phthisie, l'expérience oppose une action décidément nuisible sur la lithiase biliaire, le rhumatisme.

D'après les auteurs du Dictionnaire des Eaux minérales il n'y aurait pas lieu d'être embarrassé. « Non seu-
« lement la grossesse ne contre-indique pas les Eaux
« minérales, mais elle crée par elle-même une indi-
« cation nouvelle de procéder sans retard à un traite-
« ment propre à modifier un état morbide dont elle
« pourrait ressentir une fâcheuse influence. Ainsi pour
« les coliques hépatiques, ainsi pour l'anémie, ainsi
« pour toutes sortes d'états morbides. »

Le sentiment général des médecins, la pratique à peu près unanime des spécialistes hydrologues et même les préceptes donnés dans l'article cité protestent contre cette manière de voir ; nous croyons savoir d'ailleurs que, sur ce point, les auteurs du Dictionnaire des Eaux minérales ont depuis modifié leur opinion : nous n'insisterons donc pas.

C'est surtout pendant la grossesse que, pour éviter des fautes irréparables, l'on devra s'attacher à bien distinguer, parmi les indications des eaux minérales, celles qui se rapportent à la médication thermale proprement dite de celles qui ont trait aux médications communes qui caractérisent certaines cures.

C'est seulement la médication thermale qui est périlleuse et contre-indiquée ; on peut toujours loin de la source, au moyen d'eaux minérales appropriées, appliquer tout traitement médicamenteux qui serait nécessaire. Et la médication commune dont il aura constaté l'indication, le médecin la réalisera d'autant plus sûrement à domicile, avec de l'eau transportée, que la crainte de l'excitation thermale inséparable à la source d'un traitement de quelque importance, ne l'obligera pas à restreindre les doses.

C'est ainsi que sans exposer les femmes enceintes aux risques du voyage, du changement de milieu, de vie et d'habitudes, sans leur faire affronter une excitation thermale le plus souvent inopportune ou contre-indiquée, on pourra les mettre à même de profiter dans une large mesure des avantages qu'offrent les cures de Vichy, de Contrexéville, de la Bourboule, de Bonnes, par exemple, et traiter avec succès des troubles digestifs graves, des affections du foie, des voies urinaires, de la peau, de la poitrine, etc.

Les esprits les plus sages ont adopté cette conduite. C'est ainsi que nous voyons M. Durand-Fardel, dans son *Traité des maladies chroniques*, publié en 1868, au chapitre consacré à la lithiase biliaire où il insiste sur l'importance étiologique de la grossesse, ne pas conseiller, cependant, la cure thermale de Vichy aux femmes enceintes atteintes de cette affection, alors que dix ans auparavant, dans le Dictionnaire des Eaux minérales, il faisait aux praticiens un devoir de les envoyer sans retard aux alcalines fortes.

Mais il est des circonstances où la gravité du mal par le fait de la grossesse, sa résistance aux moyens thérapeutiques ordinaires, le danger de la temporisation et les bons effets que produit en l'état de vacuité la cure thermale, semblent réclamer plus formellement l'application immédiate de celle-ci; le rhumatisme, par exemple, que nous voyons dans vingt-trois cas aboutir onze fois à l'ankylose complète (Tiscn, thèse de Paris, 1876). Dans des cas semblables, en raison de l'axiôme, *melius anceps quam nullum experiri remedium*, le médecin sera certainement excusable d'envoyer les malades aux eaux et de leur appliquer une *médication thermale* effective. Mais, remarquons le bien, il ne peut s'agir encore aujourd'hui que d'une expérimentation thérapeutique, car la science manque de faits bien observés et en assez grand nombre pour diriger avec certitude dans cette voie.

APPENDICE.

Comme complément de ce travail, nous croyons devoir mentionner certaines pratiques médicales traditionnelles à la stationd'Ussat-les-Bains (Ariège) et que nous n'avons rencontrées nulle part ailleurs.

A Ussat, où la cure est presque exclusivement balnéaire, il est d'usage de continuer le traitement pendant les règles, et il paraît que cette pratique ne reconnaît pas de contre-indication et n'a généralement pas d'inconvénient. D'autre part, les eaux sont réputées dans le traitement des divers désordres des maladies propres à la grossesse, malaises nerveux, vomissements, fausses couches.

M. Bonnans, médecin-inspecteur de la station, et qui y exerce depuis plus de trente-cinq ans, a bien voulu nous remettre, à cet égard, quelques notes dont nous extrayons les observations qui suivent :

Observation XI.

Mme Fr..., de Luzenac (Ariège), a eu cinq fausses couches en cinq années, survenant vers la fin du quatrième mois de sa grossesse.

En 1857, se trouvant enceinte pour la sixième fois, elle vint dans le cours du troisième mois prendre les eaux d'Ussat (deux bains par jour pendant vingt jours).

La grossesse fut menée à terme, et depuis la malade a eu six enfants et pas une fausse couche.

Observation XII.

Mme F..., de Foix, sujette à la leucorrhée, mais cependant très bien portante, avait eu deux fausses couches, lorsqu'en 1862 elle vint faire la cure à Ussat, vers le deuxième mois d'une troisième grossesse. Celle-ci fut menée à terme ainsi qu'une quatrième qui survint bientôt après. Depuis, la malade n'est pas redevenue enceinte.

Observation XIII.

Mme B..., des Cabannes (Ariège) avait eu des grossesses régulières, lorsqu'en octobre 1860 elle devint enceinte pour la troisième fois ; vomissements incoercibles, salivation très abondante, une cuvette dans les deux heures.

Dans le cours du cinquième mois, l'émaciation était considérable, la mort semblait inévitable, lorsque survint une perte sanguine abondante. Le Dr Vergé, alors inspecteur des eaux d'Ussat, qui soignait la malade avec le Dr Bonnans, voulait qu'on la transportât de suite à Ussat (12 kilomètres). On attendit cependant que la perte fût arrêtée pour suivre ce conseil. La malade arriva à Ussat en février 1861, dans un état d'extrême faiblesse ; elle y demeura quinze jours et prit trente bains. Dès le quatrième jour, les accidents avaient cédé; la grossesse fut conservée, et l'accouchement à terme régulier.

Observation XIV.

Mme M... d'Ax (Ariège), avait eu déjà une très mauvaise grossesse, lorsqu'en janvier 1871, elle devint enceinte de nouveau; vomissements incoercibles. Au sixième mois la faiblesse était telle que la malade tombait en syncope dès qu'on essayait de la mettre sur le séant. On la transporta à Ussat au mois de juin et, sous l'influence de la cure, très vite tous les accidents disparurent; la grossesse poursuivit régulièrement son cours.

Il s'agit, comme l'on voit, de pratiques traditionnelles, qui se sont perpétuées à Ussat depuis les origines de la station, dont nombre de médecins ont apprécié successivement la haute valeur et dont il serait imprudent de ne pas tenir compte.

On trouverait sans doute dans une étude générale de la cure d'Ussat l'explication de ces faits extraordinaires en hydrologie médicale, faits pour ainsi dire hors cadre à cette heure ; mais nous n'avons pas les éléments d'un pareil travail et nous devons nous borner à les enregistrer.

C'est surtout en thérapeutique thermale qu'il convient de ne pas repousser les « faits extraordinaires. »

FIN

Paris. — Typ. de A. PARENT, DAVY Sr, r. Monsieur-le-Prince, 29.

www.ingramcontent.com/pod-product-compliance
Ingram Content Group UK Ltd.
Pitfield, Milton Keynes, MK11 3LW, UK
UKHW020223180726
13838UKWH00005B/2154

9 782329 349541